INVENTAIRE
Ye 17,636

AVIGNON,
PEYRI, Imprim.-Libraire.

CHANSONNIER
DE
LOUIS NAPOLEON Bonaparte.

CHOIX

De romances nouvelles et chansons nationales.

AVIGNON,

PEYRI, Imprimeur Libraire.

1852.

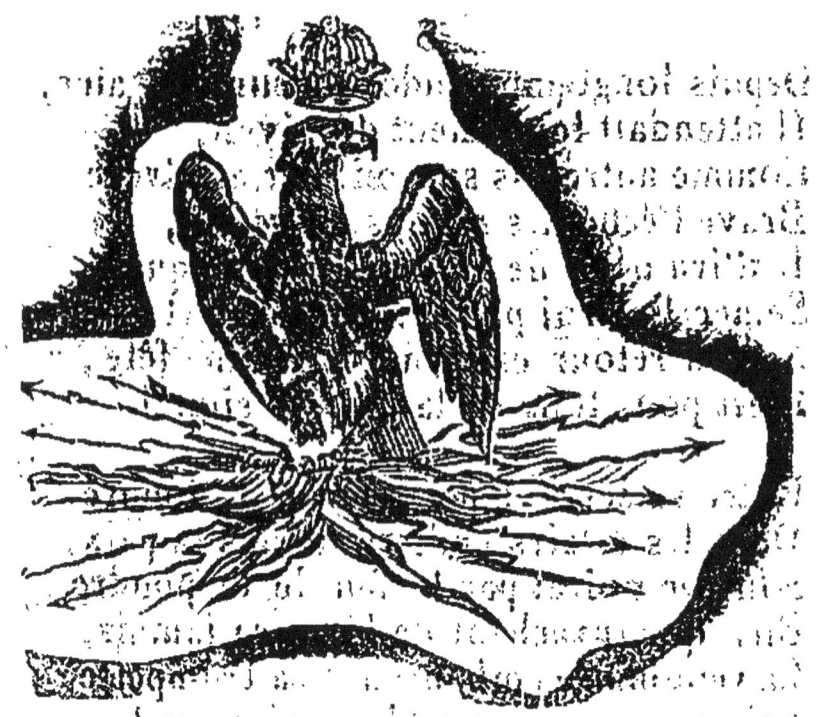

LE RETOUR DE L'AIGLE.

Air : *Au Mont St.-Jean, etc.*

Héros français, vétérans de la gloire
De l'Empereur intrépides guerriers,
Vieux favoris, enfants de la victoire,
Levez vos fronts courbés sous vos lauriers
Au haut des airs dominant la tempête,
Voyez planer cet aigle impérial,
Dont le retour est pour vous une fête,
Et pour nous tous de la paix le signal.

Depuis longtemps endormi sur son aire,
Il attendait le moment du réveil,
Comme autrefois son œil fier et sévère
Brave l'écho des rayons du soleil,
Il n'ira plus de conquête en conquête
Semer l'effroi par son cri martial,
Si son retour est pour nous une fête,
Il est pour tous de la paix le signal.

Entre sa serre il porte encor la foudre
Dont les éclairs brilleront dans la paix,
Son bec noirci par le feu de la poudre
Bien que tranchant ne blessera jamais.
La renommée embouchant sa trompette
Suivra son vol paisible et triomphal,
Si son retour est pour nous une fête,
Il est pour tous de la paix le signal.

Son effigie emblême de puissance
Ne sera plus pour les peuples rivaux,
Qu'un signe heureux de paix et d'alliance
Qui pour toujours ornera nos drapeaux,
Son écusson brillera sur la tête
De nos soldats dans les champs de l'hon-
    neur,
Si son retour est pour nous une fête,
Il est pour tous le signal du bonheur.

HOMMAGE

AU PRÉSIDENT DE LA RÉPUBLIQUE.

Quel avenir devant nous se dévoile !
Partout la joie éclate en mille chants ;
De notre bonheur l'antique et noble étoile
Renaît enfin sous nos cieux plus brillants
Heureux destin ! l'âge d'or recommence
Avec ses dons et ses présents flatteurs.
Bardes, chantez le sauveur de la France,
Sur son chemin, enfants, semez des fleurs

La France en deuil et veuve de sa gloire,
Depuis longtemps pleurait Napoléon ;
Mais, tout à coup, dans un jour de victoire,
Sa libre voix a prononcé son nom.
L'écho soudain, avec magnificence,
A répété ces brillantes clameurs.
Bardes, chantez le sauveur de la France,
Sur son chemin, enfants, semez des fleurs.

En inscrivant ce nom sur ta bannière,
Peuple français, la victoire est à toi :
Lorsqu'il flottait jadis sur la frontière
Les ennemis fuyaient glacés d'effroi.
Brille sur nous, symbole de vaillance !
Tu tariras la source de nos pleurs.
Bardes, chantez le sauveur de la France,
Sur son chemin, enfants, semez des fleurs.

Plus de pouvoir qui nous commande en maître !
Plus d'oppresseurs ! enfin le peuple est roi.
Dans nos cités les beaux-arts vont renaître
Nous vivrons tous sous une même loi.
Disparaissez, blasons droits de naissance,
Effacez vos priviléges menteurs.
Bardes, chantez le sauveur de la France,
Sur son chemin, enfants, semez des fleurs.

Honneur à toi, France ! qui sus comprendre
Ce qui manquait à tes enfants vainqueurs,
Napoléon saura bientôt te rendre
Le noble prix de tes nobles faveurs.
Grâce à ses soins le paix et l'abondance
Vont mettre un terme à tes longues douleurs.

Bardes, chantez le sauveur de la France,
Sur son chemin, enfants, semez des fleurs.

Oui, nous devons des chants et des guirlandes
A qui jura de défendre nos droits ;
Ne soyons pas économes d'offrandes,
Napoléon est l'ennemi des rois.
C'est notre appui, c'est notre providence,
Nous lui devrons bientôt des jours meilleurs ;
Bardes, chantez le sauveur de la France
Sur son chemin, enfants semez des fleurs.

CONSEILS DE NAPOLÉON A SON NEVEU.

Air : *Des soldats du progrès.*

Prends, ô mon fils, la gloire pour modèle,
Par elle seule, on gagne tous les cœurs.
  Dans ses sentiers jonchés de fleurs,
  Tout bon Français (bis) marche avec elle.

Jeune héros, toujours seul et sans garde,
Va, ne crains rien, le peuple te regarde
Car il demande à ton front radieux
La douce aisance et des jours glorieux.
   Il attend tout de ton génie.
   Ta voix électrise ses sens;
Va donc (bis) va donc lui porter tes accents.
Prends, ô mon fils, la gloire, etc.

Ranime aussi les arts et l'industrie
Qui font fleurir notre chère patrie,
Et chaque jour, répandent leurs bienfaits
En ramenant l'abondance et la paix.
   Que l'artisan dans sa chaumière
   Ne redoute plus la misère,
   Que tous les Français soient heureux,
   Amis, frères et vertueux.
Prends, ô mon fils, la gloire etc.

Ah ! sois toujours pour eux un tendre père,
Console les, soulage leur misère;
Autour de toi, groupe tous tes enfants,
Sèche leurs pleurs, calme tous leurs tourments.
   Que ta voix soit consolatrice,

Tends-leur une main protectrice ;
Il n'est pas de plus grand bonheur,
Que de secourir le malheur.
Prends, ô mon fils, la gloire, etc.

Qu'en tous pays désormais on te cite
Pour tes vertus, ta gloire et ton mérite
L'amour du peuple est l'appui le plus fort ;
Car il nous reste encore après la mort.
 Ainsi quand la parque cruelle
  Ravira ton âme si belle,
 Tu laisseras avec ton nom
 La gloire et l'honneur pour renom.
Prends, ô mon fils, la gloire, etc.

AU NEVEU DU GRAND HOMME.

Air : *Les lanciers polonais.*

Un peuple entier te convie et t'appelle,
Viens terminer ses affronts et ses maux ;
Tu peux gagner la palme la plus belle
En présidant à ses destins nouveaux.
La République a foi dans ta puissance,
Noble héritier du grand Napoléon,

Sois toujours digne de la France !
Sois toujours digne de ton nom !

Quand le pays t'a choisi pour son guide,
Avec orgueil accepte cet emploi :
Sois son conseil, son soutien, son égide,
Aime l'honneur, fais respecter la loi.
Et si tu veux que sa reconnaissance
Te donne accès dans ton beau Panthéon,
   Sois toujours digne de la France,
   Sois toujours digne de ton nom.

D'un peuple neuf qui sort de l'esclavage
Viens modérer la bouillante fierté ;
Que par tes soins il fasse un bon usage
De sa victoire et de sa liberté.
Instruis son cœur à chérir la clémence ;
Elle ennoblit la force du lion.
   Sois toujours digne de la France,
   Sois toujours digne de ton nom.

Quand l'artisan demande avec no blesse
Dans son grenier du travail et du pain,
Oh ! n'attends pas qu'une longue détresse
Fasse germer la haine dans son sein.
Dieu seul connait ce que peut sa démence
Lorsque la faim égare sa raison...

Sois toujours digne de la France !
Sois toujours digne de ton nom !

Souviens-toi bien, qu'autrefois, l'homme-
 gloire
N'aima rien tant que le peuple français.
Tes yeux émus, en parcourant l'histoire
S'attendriront sur ses nobles bienfaits.
Imite au moins sa douce bienfaisance,
Si tu ne peux atteindre ses bienfaits.
 Sois toujours digne de la France !
 Sois toujours digne de ton nom !

Mais ton grand cœur (le nôtre le devine)
Ne voudra pas, au mépris de nos pleurs,
Dégénérer de sa haute origine,
Lorsque pour nous les lauriers sont en
 fleurs.
Hâte-toi donc; par ta douce influence,
Fais en mûrir la brillante moisson.
 Sois toujours digne de la France !
 Sois toujours digne de ton nom !

AIR DE LA SIRÈNE.

O Dieu des flibustiers,
Dieu de la contrebande,
Que ta main nous défende
De nos tyrans altiers !
Magistrat et greffier,
Chacun nous réprimande,
Et prétend châtier
Notre noble métier ;
Lorsque la contrebande
Parcourt le monde entier.
O dieu des flibustiers,
Dieu de la contrebande
Que ta main nous défende
De ces tyrans altiers !
Dieu des bons tours, viens et défends
Et tes amis et tes enfans !

CANTATE PATRIOTIQUE.

Dédiée à Monseigneur le Président de la République, le Prince Louis NAPOLÉON BONAPARTE.

La France allait périr par le fer et la flamme,
Les complots les plus noirs sous l'ombre étaient ourdis,
La terreur et l'effroi régnaient au fond de l'âme,
Louis Napoléon a sauvé son pays.
Aux doux transports de la reconnaissance.
Avec plaisir français, livrons nos cœurs,

Gloire au héros au sauveur de la France,
Honneur et gloire à nos soldats vainqueurs.

Les partis déchiraient le sein de la patrie,
L'émeute avait levé son étendard sanglant,
Le pouvoir et l'armée ont vaincu l'anarchie,
Le drapeau de la paix flotte seul éclatant.
    Aux doux transports, etc.

Comme aux jours du printemps brille une belle aurore,
Une ère de bonheur et de prospérité,
Éclate en notre siècle et de ses rayons dore,
Un avenir de paix et de sécurité.
    Aux doux transports, etc.

Sur le front du héros que la gloire environne,
Sur le front radieux de nos vaillants guerriers,
Déposans de nos mains une noble couronne,
Tressons leur des festons de fleurs et de lauriers.
    Aux doux transports, etc.

Que nos concerts bruyants nos actions
 de graces,
Confondus dans les airs, s'élèvent jusqu'aux cieux,
Qu'aux voix des troubadours mêlé le
 chant des graces,
Frappent l'écho lointain de ce refrain
 joyeux.
 Aux doux transports, etc.

LES TROIS GRENADIERS

Air : *Guide nos pas, etc.*

Premier Grenadier.

Quoi ! pour président on nous donne
Du p'tit caporal le neveu ?
Ce triomphe point ne m'étonne,
L'oncle était l'ami du bon Dieu.
Sans l'appui de la Providence.
Eût-il culbuté l'univers !
 Je sais qu'il perdit la puissance ;
Mais en héros, il mourut dans les fers.

Deuxième Grenadier.

C'est vrai : mais moi, Richard je gage,
Que saltimbanques d'autrefois,
Tour à tour voudront rendre hommage
Au neveu du faiseur de rois.
Qu'il sache donc avec prudence
Juger, connaître les pervers ;
Napoléon pleura la France ;
Mais en héros, il mourut dans les fers.

Troisième Grenadier.

Que Louis sans cesse rappelle
Et les vertus et la valeur
De l'homme à la gloire immortelle
Qui fut notre grand empereur ;
Que Louis, par la bienfaisance,
Guérisse aussi nos maux divers !
Qu'il dise, en pesant l'inconstance :
« Mais en héros, il mourut dans les fers. »

HISTOIRE de NAPOLÉON.

PAR M. DEREMY.

Je vois Clio près de la Renommée,
A nos Français montrant le Panthéon,
Déroule aux yeux de notre vieille armée
Tous les hauts faits du Grand-Napoléon
Là c'est Brienne, on le voit faire un siége :
Dans tous ses jeux c'est un penchant guerrier.
Pour des boulets c'est des boulets de neige :
Il prend un fort, puis obtient un laurier.

Ses jeux se passent, et dans l'artillerie
De lieutenant il obtient le galon.
Bien jeune encor, pour sauver la patrie,
Il fait un plan, puis attaque Toulon.
Bientôt, suivi de guerriers intrépides,
Il veut encore acquérir du renom :

Tous étonnés d'un aussi bel exemple
Gravissent alors le grand mon S. Bernard,
En Italie on crie alors victoire;
Milan, Pavie, Arcole sont à nous.
Partout enfin ce sont des cris de gloire,
Les ennemis sont tombés sous nos coups.

L'on se remet aussitôt en campagne,
Nous combattons à Iéna, Marengo,
A Friedland, en Prusse, en Allemagne,
Puis Austerlitz, Wagram, Jemmappe, Eylau.
Toujours vainqueurs nous revenons en Fance,
Ayant chacun un signe de l'honneur,
Et Bonaparte a pour sa récompense
Des bons Français le titre d'empereur.

Des noirs frimats il brava la furie;
Il va planter son drapeau triomphant,
Malgré le froid de la triste Russie,
De ce héros le cœur était brûlant.
Les étrangers envahissent la France.
Pour les combattre il s'apprête soudain.

Malgré son âge, aux pieds des Pyramides
Sa main habile y grava son beau nom.

Il voit Jaffa dans un état funeste ;
Tout est désastre et désolation ;
Il va braver le fléau de la peste,
C'est de nos Preux la consolation.
Déjà Kléber avait perdu la vie ;
Aussi sa perte avait causé des pleurs.
Quittant le Caire et le sol d'Arabie,
Oui, Bonaparte emportait des douleurs

Il vient en France, et de la république
Il a reçu les hommages, les vœux :
Puis il reçoit la couronne civique
Que l'on décerne aux soldats courageux.
Pour conquérir les plaines d'Italie
Notre héros rappelle ses soldats ;
Chaque guerrier à cette voix chérie,
Le suit encor en ces lointains climats.

On entendait les éclats d'une bombe,
Il restait là dans l'instant du danger ;
Mais un boulet à ses pieds roule et

Croisant ses bras il le voit sans trembler.
Que de valeur, ah! mon ame est ravie;
» Ne craignez rien, leur a-t-il répondu;
» Car le boulet qui doit finir ma vie,
» Mes chers amis, n'est pas encore fondu.

Au mont Saint-Jean il va venger la France,
Notre héros avait pris son essor;
Mais le destin trompe son espérance;
Un scélérat le vendait pour de l'or.
Nos vieux soldats que trahissait Bellone,
Loin de se rendre attendaient le trépas
J'entends ces mots que prononçait Cambronne,
« La garde meurt, elle ne se rend pas.

Sur ce rocher de l'île Sainte-Hélène,
Ce que la France avait eu de plus grand,
Meurt en exil en repoussant sa chaîne,
Accompagné de son ami Bertrand.
Braves Français, vous témoins de sa gloire,

Si vous passez auprès de son tombeau.
Donnez des pleurs à sa noble mémoire
Au défenseur de notre vieux drapeau.

LE BREVET D'IMMORTALITÉ.

Honneur aux braves que la nature
    vit naître,
Desaix, Kléber, Eugène, Montebello,
Dans les trois jours à leur rang on
    peut mettre
Dubourg, Gérard et bien d'autres
    héros.
  De la patrie ils ont payé la dette.
  En combattant pour notre liberté,
  La nation donne au bon Lafayette
  Le brevet *(bis)* d'immortalité.

Toi qui prouvas ton courage héroïque
Au Mont-St.-Jean dans nos derniers
    combats,
En t'écriant au soldat britannique :
La garde meurt.., mais elle ne se rend
    pas
Brave Cambrone, parmi la mitraille,

L'Anglais a vu ton intrépidité,
Tu sus gagner, sur le champ de bataille,
    Le brevet ; etc.

Chaque mortel ici te rend hommage
Toi qu'as suivi, sans songer au péril,
Napoléon sur un rocher sauvage,
Jusqu'à sa mort partagea son exil,
Fidèle ami de l'empereur de France
Le consolant dans sa captivité,
Brave Bertrand, reçois pour récompense
    Le brevet, etc.

Reçois nos vœux, illustre capitaine,
Toi qui jadis a vaincu l'univers,
Si par malheur à l'île Ste-Hélène,
Tu fus captif, tu péris dans les fers.
Si le destin voulut que tu succombes
Bien loin de nous sur un roc exilé,
Napoléon tu portes dans la tombe
    Le brevet (*bis*) d'immortalité.

L'ÉTRANGER.

Un faible oiseau errait dans un bocage,
Et vainement y cherchait un abri,
Car loin de là se trouvait le village,
Où le hasard avait placé son nid.
Un Oiseleur bientôt voulut le prendre :
Trop faible, hélas ! ne pouvant voltiger,
Sa voix plaintive alors se fit entendre :
Ne frappez pas, car je suis Etranger. bis.

Si, comme moi, loin de votre patrie,
Vous vous trouviez sans amis, sans secours
Si, comme moi, de cette triste vie,
A chaque instant, vous maudissiez le cours
Je vous dirais : Entendez ma prière,
Epargnez-moi, protégez mon danger.
Cessez vos coups, calmez votre colère,
Ne frappez pas, car je suis Etranger. bis.

Bon Oiseleur, touché de sa tristesse,
Put l'approcher et lui tendit la main,
Je veux, dit-il, soulager ta faiblesse
Et contre tout protéger ton destin ;

Sois confiant, mon désir est sincère,
En ces climats ne crains plus le danger.
Je viens t'offrir mon appui tutélaire,
Car tous ici nous aimons l'Étranger. b.

LE RETOUR DES CHANSONS.

Au loin, au loin, vous étiez envolées,
Mais parmi nous vous voici de retour :
Douces chansons, tremblantes exilées,
N'ayez plus peur dites vos chants d'amour,
La main de Dieu dissipe le nuage,
On vous entend, reprenez vos doux sons;
Comme l'oiseau, chantez après l'orage, b.
Chantez, chantez, chantez, douces chan-
 sons.

Montez, montez, à cette mansarde
Où vos refrains s'abritent sous les fleurs,
Où l'ouvrière honnête et que Dieu garde,
Trouve en chantant l'oubli de ses douleurs
En lui donnant bon espoir, bon courage,
Dites-lui bien dans vos sages leçons,
Que Dieu bénit le pauvre et son ouvrage,
Chantez, chantez, chantez, douces chan-
 sons.

Frappez, frappez à la riche demeure,
Au nom du pauvre et l'on vous ouvrira;
Vous parlerez de l'indigent qui pleure,
Et vous verrez comme on vous entendra.
Ah! dites qu'ici bas une aumône,
Promet au ciel les plus riches moissons,
Que Dieu la rend à celui qui la donne, b.
Chantez, chantez, chantez, douces chansons

UN VIEUX SOLDAT.

Au Tombeau de l'Empereur.

Vétéran, débris de la Loire,
Qu'on me laisse entrer en ces lieux,
Prier et faire mes adieux.
Pour toujours au fils de la gloire,
Vieil invalide de planton,
Auprès de la sombre demeure,
Vois-tu ces rides sur mon front?
Laisse-moi voir pendant une heure
    Napoléon!   bis.

O mon héros! ô mon idole!
Je t'aperçois dans le cercueil.
Pourquoi cet appareil de deuil!

Ah ! je n'entends plus ta parole.
Ta voix fut celle du canon
Présent tu donnais la victoire,
Enflammant chaque bataillon,
Comme nous admirons ta gloire,
  Napoléon !   bis.

Empereur, roi, grand capitaine,
Mort sur un roc abandonné,
Toi que la France a tant pleuré,
Ton cœur revient de Sainte-Hélène.
O toi, digne du Panthéon,
Que reste-t-il de ta vaillance ?
Pour vaincre il suffit de ton nom.
Qu'elle était grande ta puissance !
  Napoléon !

Mais avec toi plus de batailles,
Plus d'Austerlitz, de Marengo,
La trahison de Waterloo
A préparé tes funérailles.
Nos fils, avides de renom,
Comme nous chercheront la gloire.
L'ennemi changera de ton :
Par cœur ils savent ton histoire
  Napoléon.

LOUIS NAPOLÉON

A L'OMBRE DE SON ONCLE.

Air : *Du pénible service.*

Ombre chérie, ombre du grand héros,
Viens m'inspirer du feu de ta pensée ;
De moi, la France attend nobles travaux
Et le retour de sa gloire éclipsée.
Moi-même, instruit par mes propres douleurs,
Longtemps proscrit, longtemps privé de gloire,
Des malheureux en essuyant les pleurs,
En secourant les pauvres travailleurs
Je puis honorer ta mémoire.

Par tant de voix proclamé président,
Je veux servir, je veux sauver la France.
Est-on moins brave en se montrant prudent ?
Roland lui-même eût-il toujours sa lance ?
En célébrant les douceurs de la paix,

Il faut songer aux rives de la Loire ;
Ce deuil, hélas ! ne s'efface jamais,
Waterloo....., mon oncle en bon Fran-
　　çais,
Je puis honorer ta mémoire.

Si cependant, au signal de l'honneur,
Il me fallait défendre la patrie,
On me verrait, digne de ta valeur,
Aux champs de Mars sacrifier ma vie.
Par mon amour envers la liberté,
J'ose espérer de vivre dans l'histoire;
Heureux cent fois, heureuse ma bonté,
Si soulageant partout l'humanité,
Je puis honorer ta mémoire.

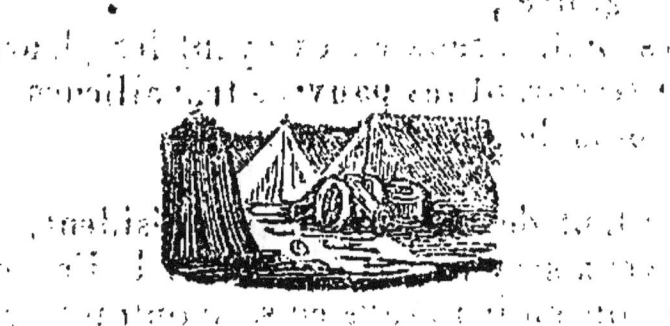

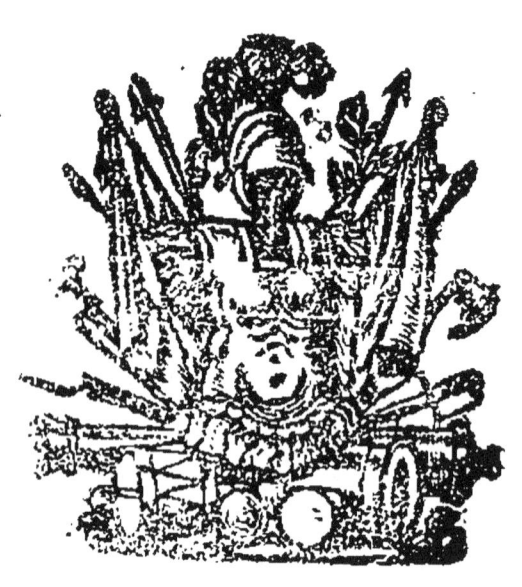

A L'ÉLU DE LA NATION.

Air : *De la Colonne.*

Martyr d'une royale haine,
Salut, glorieux exilé !
Le peuple, libre de sa chaîne,
Vers lui t'a soudain rappelé.   (*bis*)
Croyant manquer d'expérience
Pour suivre ses nouveaux destins,
Sans crainte il dépose en tes mains
La gloire et l'honneur de la France.

Aux guirlandes de sa victoire,
Enlace des lauriers nouveaux,
A la gloire ajoute la gloire
Pour en décorer nos drapeaux.
A ta carrière qui commence
Imprime un cachet radieux,
Et fais respecter en tous lieux
La gloire et l'honneur de la France.

Ne ralentis pas ton ouvrage,
Car le peuple a sur toi les yeux ;
Ce peuple aura force et courage,
Mais il fut longtemps malheureux.
Gagne sa foi, sa confiance,
Chaque jour il te bénira :
En l'aimant ton cœur aimera
La gloire et l'honneur de la France.

La paix est un bien salutaire
Pour notre jeune liberté,
Et sous son ombre tutélaire
Son arbre saint est abrité.
Mais si de notre indépendance
L'Europe osait nier les droits,
Ne laisse pas ternir deux fois
La gloire et l'honneur de la France.

D'une naissante République
Protége l'essor généreux,
Et qu'une sage politique
Nous annonce des jours heureux.
Songe à notre antique puissance,
Exhume-la de son cercueil,
Et pare de leur vieil orgueil
La gloire et l'honneur de la France.

Songe au vainqueur des Pyramides,
Ce souvenir t'inspirera,
Et sa grande ombre aux Invalides
A tes succès applaudira,
Le peuple fut sa jouissance,
Et même, au moment d'expirer,
Sa voix eut encore murmurer
La gloire et l'nonneur de la France.

A LA FRANCE.

Air : *T'en souviens-tu ?*

France, pour toi quel beau soleil se lève
Je vois déjà tes lauriers refleurir.
La République, arbrisseau plein de sève

Couve des fruits qui bientôt vont mûrir ;
Mais pour prétendre à ce brillant prodige,
Il lui manquait un appui paternel.
Napoléon va cultiver sa tige...
Napoléon, c'est l'envoyé du Ciel.

Combien ce nom enfanta de miracles !
Combien ce nom produisit de grandeurs !
Comme la foudre il brise les obstacles,
Et les enfants avec lui sont vainqueurs,
Ce nom sacré, chéri de la victoire,
De nos succès ce symbole immortel,
France, bientôt rajeunira ta gloire,
Napoléon, c'est l'envoyé du Ciel.

Hier encor, dans leur ardeur frivole,
Des intrigants dont tu connais le prix,
France, voulaient briser ta chère idole ;
Qu'ont-ils gagné ? la honte et le mépris.
Tes nobles fils dont la reconnaissance
Voue au grand homme un respect éternel,
En sa faveur fit pencher la balance ;
Napoléon, c'est l'envoyé du Ciel.

Mais, dira-t-on, votre élu n'est que l'ombre
De ce génie objet de votre amour,

Il ne pourra jamais sous un ciel sombre,
D'un soleil pur ramener le retour.
Erreur ! Bientôt de sa douce influence
Nous recevrons le gage solennel :
Nous lui devrons la paix et l'abondance;
Napoléon, c'est l'envoyé du Ciel.

Du diamant glorieuse étincelle,
En y puisant toujours de nouveaux feux,
Sur les destins de la France nouvelle
Il répandra ses rayons lumineux.
Bientôt ses soins, voués à la patrie,
De mille fleurs pareront son autel.
Salut ! salut ! à ce nouveau Messie ;
Napoléon, c'est l'envoyé du Ciel.

Unissons-nous; la discorde publique
Dans leurs complots favorise les rois ;
Mais l'union, ce bouclier magique
Met à couvert nos invincibles droits.
Quand du bonheur sur nous l'étoile brille,
Frères, signons un pacte fraternel,
Et bénissons notre chef de famille;
Napoléon, c'est l'envoyé du Ciel.

PLUTOT LE MARTYRE.

Air : *des Girondins.*

Un peuple entier vient donc d'élire
Un vrai descendant du héros,
Aussi nos voix peuvent bien dire,
Sans redouter lointains échos :
    La gloire et l'espérance
Enflamment aujourd'hui les enfants de la
  France.

Plus de discorde et plus de haine,
Soyons frères, soyons amis ;
Si la tempête se déchaîne
Que nos efforts soient réunis
    La gloire et l'espérance
Enflamment aujourd'hui les enfants de la
  France.

Napoléon, de l'empyrée,
Contemple nos tristes débats :
« Hélas, dit-il, flamme sacrée
Sait inspirer d'autres combats ? »

La gloire et l'espérance
Enflamment aujourd'hui les enfants de la France.

« Que mon neveu soit pacifique ;
Mais qu'il ne recule jamais !
Pour défendre la République
Qu'il se montre toujours Français ! »
La gloire et l'espérance
Enflamment aujourd'hui les enfants de la France.

« Une cabale en son délire
Renouvelle ses noirs complots ;
Mon neveu, plutôt le martyre
Qu'une tache sur nos drapeaux ! »
La gloire et l'espérance
Enflamment aujourd'hui les enfants de la France.

AU PRÉSIDENT DE LA RÉPUBLIQUE.

Air : *Lionne défends tes petits.*

La France en deuil même après sa victoire
Pleurant, hélas ! sur de sanglants lauriers

Napoléon, t'a confié sa gloire
Et l'avenir de ses dignes guerriers.
Réponds, réponds à ce cri de souffrance !
Le Ciel, un jour t'en récompensera.
Notre patrie a perdu l'espérance...
 Honneur ! à qui la lui rendra.

Lorsque, jadis, flottait sur la frontière
Notre drapeau, l'effroi des ennemis,
On l'appelait l'invincible bannière,
Les rois vaincus s'abritaient sous ses plis.
Napoléon, vois quelle différence ;
C'est maintenant à qui l'insultera !
Et notre armée a perdu l'espérance...
 Honneur ! à qui la lui rendra.

En ce temps-là, le canon des batailles
N'enchaînait pas nos beaux arts généreux
Et le commerce, au sein de nos murailles
Alimentait les bras laborieux.
Napoléon, le peuple recommence
A ressentir la faim qui le mina,
Et l'ouvrier a perdu l'espérance...
 Honneur ! à qui la lui rendra.

Si le colon fut toujours tributaire,
Du moins, jadis, en traçant son sillon,

Il se disait, riant de sa misère :
» J'aurai ma part quand viendra la moisson.
Mais quand l'impôt grève son indigence
Bientôt le grain au sillon manquera !
Le laboureur a perdu l'espérance..
　Honneur ! à qui la lui rendra.

En février, la vertu, le mérite
Devaient prétendre aux grades , aux emplois ;
Mais l'intrigant, le sot et l'hypocrite
Obtinrent seuls les faveurs et les croix.
Napoléon, l'honneur enfin s'offense
Du ris moqueur qui toujours l'accabla;
Et le talent a perdu l'espérance...
　Honneur ! à qui la lui rendra.

Nos députés dans leur ardeur civique,
Quand notre choix daigna les honorer,
Promirent tous d'aimer la République.
Nul ne devait jamais s'en séparer.
Napoléon, rends dignes de la France
Ceux que bientôt la France choisira.
Le pauvre peuple a perdu l'espérance...
　Honneur ! à qui la lui rendra.

LE TRAVAIL PLAIT A DIEU.

ROMANCE.

Refrain.

Enfants de Dieu créateur de la terre,
Accomplissant chacun notre métier ;
Le gai travail et la sainte prière,
Qui plaît à Dieu ce sublime ouvrier.

Des fleurs l'abeille épuise le calice,
Pour nous donner le plus pur de son miel,
Le Christ mourut adorant son supplice,
Pour nous ouvrir un chemin vers le ciel,
  Enfants, etc.

Le rossignol chante pour la nature
Et trouve asile en son temple fleuri,
L'ouvrier pose au palais sa toiture
Ne doit-il pas y trouver un abri.
  Enfants, etc.

L'avare pauvre, au sein de la richesse,
Augmente augmente et compte son trésor!

Cœur sans pitié, sans amour, sans tendresse,
Il meurt de faim... les deux mains pleines d'or.
  Enfants, etc.

Savans, rêveurs, artistes et poètes,
Instruisez-nous, chantez, rêvez tout bas !
Un saint labeur sort de vos riches têtes !
Le notre sort de nos robustes bras !..
  Enfants, etc.

Par vos travaux enfants de la patrie,
Peuple et soldats soutenez le pouvoir !
Mais en retour de leur sang de leur vie,
Chefs du pays faites votre devoir.
  Enfants, etc.

La fourmi garde, et le bon riche donne
A l'indigent qui ne put épargner ;
Le travailleur n'accepte pas l'aumône,
Ce qu'on lui donne il aime à le gagner.

Enfants de Dieu créateur de la terre,
Accomplissons chacun notre métier ;
Le gai travail et la sainte prière,
Qui plaît à Dieu ce sublime ouvrier.

RONDEAU GUERRIER.

Le signal avait retenti,
Au loin murmurait la tempête.
Et déjà d'un pas affermi,
Nous marchions droit à l'ennemi.

Le doux son des clairons,
Qu'au loin l'écho bruyamment repète
Et le bruit des canons
Ont enflammé nos bataillons,

Nous avançons rapidement,
Croisant ainsi la bayonnette,
Et sans hésiter un moment
Nous culbutons un régiment.

Le fer, le plomb, le fer,
Autour de nous tout siffle, vole, tombe
Mais l'honneur nous est cher,
Et le laurier nous est offert.

Déjà frappé par maint éclat,
Maint héros descend dans la tombe,

En disant mourir pour l'état.
C'est le devoir d'un bon soldat.

Le destin en courroux
Veut nous chasser du champ de la victoire
Mais redoublant nos coups,
La gloire bat en retraite avec nous.

Près de l'ennemi triomphant,
Tout-à-coup pourriez-vous le croire!
J'aperçois de loin un enfant
Qu'un seul dragon blessé défend.

J'accours vers ce héros,
Et près de lui tandis qu'ainsi je tire
Ce bambin en deux sauts,
Adroitement s'élance sur mon dos.

Je l'emporte au pas redoublé,
Malgré le feu, je l'entends rire,
Et sa main qui n'a pas tremblé.
Joue avec mon bonnet criblé.

Pour sauver ce trésor,
Au fond d'un bois hardiment je me jette.

Reprenant leur essor,
Les éclaireurs me harcèlent encor.

Tout seul et toujours poursuivi
Dans cette superbe retraite.
Pour mettre l'enfant à l'abri
Je fais face à l'ennemi.

Il m'ajustait, pan... pan..
Le plomb sifflait, mais je levais la tête,
Je ripostais pan... pan...
Et je chargeais mon arme en reculant.

Enfin tout fier de ce fardeau,
J'échappe au sort le plus funeste,
Aussi content je vous l'atteste,
Que si j'avais pris un drapeau.

De ce petit amour,
On ne saurait renier l'évidence,
Je suis père à mon tour,
Car il me doit le bonheur et le jour.

Pour moi c'est un plaisir bien doux :
Mais cet enfant mon espérance,
Il me vient de la providence,
J'aimerais mieux qu'il vint de vous.

LE NIL ET LA BÉRÉSINA.

Depuis le jour d'honorable mémoire
  Où la France a changé le destin,
  De Béranger, l'ami de notre gloire,
J'aime à chanter maint immortel refrain :
A son exemple aujourd'hui sur ma lyre,
Pour les vainqueurs d'Arcole et d'Yéna
  Avec orgueil m'entendra redire ;
  J'ai vu le Nil et la Bérésina.   b.

A son retour des champs de l'Ibérie,
Naguère un fat disait avec chaleur,
A certain brave aimé dans ma patrie,
Près de Cadix, j'ai montré ma valeur...
Moi, dit le preux, sans parler de la Loire.
Pendant vingt ans sous le fier Massena.
J'ai su combattre, et surtout avec gloire;
  J'ai vu le Nil, etc.

Jeune héroïne, avec reconnaissance,
Disait un jour à son libérateur :
Sois mon époux, ô mon cher La Vaillance !

Afin d'unir la constance à l'honneur
Toi que j'ai vu des périls de la guerre ;
Me préserver sous les murs de Vilna,
Viens avec moi dire d'une voix fière :
  J'ai vu le Nil, etc.

Plus d'un héros couvert de cicatrices,
Sous l'humble chaume, éloigné de nos rois
D'un doux hymen, en goûtant les délices,
A ses enfants raconte ses exploits.
Bravant du sort la faveur mensongère,
De ses revers l'honneur le consola ;
Car il peut dire, en cultivant la terre,
  J'ai vu le Nil, etc.

Magré les coups que veut porter la haine
Au vrai soutien du droit d'égalité,
Jamais, jamais des rives de la Seine,
On ne verra bannir la liberté ;
Car, en dépit du cagot qui sait feindre,
Montrant la croix que Mars lui décerna,
Le franc guerrier dit, n'ayant rien à craindre,
  J'ai vu le Nil, etc.

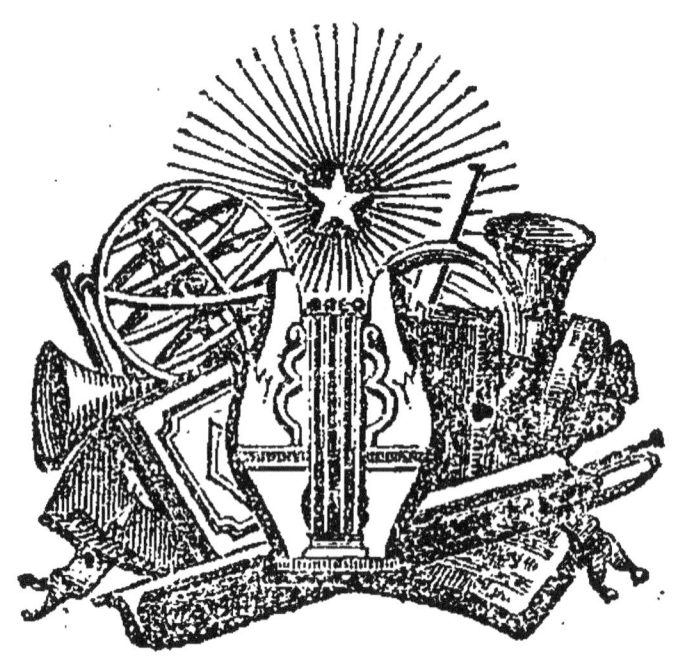

ENCORE UN SAUVEUR !

Chacun épris d'amour patriotique,
Semblait céder aux plus nobles penchants:
Pourquoi soudain, au lieu d'un air ba-
    chique,
Ne plus chercher que de lugubres chants ?
Napoléon, par son rare courage,
Par son génie et ses divers exploits,
Ne sut-il pas préserver du naufrage
    La France jadis aux abois?

4

Sur son neveu quelle ombre magnanime,
Du haut des cieux plane et vient l'inspirer?
Louis peut-il d'un souffle aussi sublime
Ne pas sentir ce qui nous fait vibrer ?
C'est avec toi, comme un heureux présage,
Qu'on doit porter le nom du conquérant :
Ne sut-il pas préserver du naufrage
   La France qu'il chérissait tant?

Plus tard, hélas ! le deuil couvrit la France ;
Mais le géant lutta seul sans pâlir ;
N'espérant plus finir notre souffrance,
Il voulut seul être le grand martyr.
L'Europe entière appelée au partage,
D'exil frappa son généreux vainqueur;
Ne sut-il pas préserver du naufrage
   La France en proie à la douleur ?

NAPOLÉON SUR LA COLONNE.

Air : *du Mont-St-Jean*.

Sur notre invincible Colonne
On a placé Napoléon ;

La gloire lui tresse une couronne
Pour ceindre son auguste front.
Pour nous sa gloire est immortelle
Il protéga les trois couleurs :
Offons-lui une palme nouvelle
Pour rendre hommage à sa valeur.
Puisque son corps repose à Ste-Hélène,
Nous replaçons son buste aux rives de la seine.
Avec plaisir nous chanterons :
Gloire immortelle au grand-Napoléon.

De nos héros il fut le guide,
Pour franchir le mont St-Bernard ;
Devant ce guerrier intrépide
Ce n'était qu'un faible rempart
Cent fois sur le champ de bataille
La gloire couronna ce héros
Et les boulets et la mitraille
Respectaient son petit chapeau.
    Puisque, etc.

Ce grand favori de la gloire,
Vingt ans rivalisa César,
Nous étions sûrs de la victoire
Quand il plantait son étendard.

Vaincre ou mourir fut sa devise
L'Europe a connu ses revers ;
Devant sa redingote grise
On vit trembler tout l'univers.
   Puisque, etc.

Quand les Prussiens avec audace,
Ont descendu ce fameux conquérant
Sur la Colonne on vit en place
Flotter ainsi le drapeau blanc ;
On exila dans l'esclavage
Ce grand vainqueur de Marengo,
Après vingt années de courage,
Il fut trahit à Waterloo.
   Puisque, etc.

Colonne, monument de gloires,
Environnée de nos hauts faits,
Que l'aspect de tant de victoires,
Que l'on est fier d'être français !
Le buste du vainqueur d'Arcole,
Va ranimer ton vieux drapeau,
Qui, craint d une double misère
N'en paraîtra que plus beau.
   Puisque, etc.

LA BATAILLE D'AUSTERLITZ.

Un vieux soldat dit un jour à son fils :
    Silence, je commence
De vingt combats que j'ai vus, mes amis
    Je ferai les récits :
    Ecoutez la bataille
    Où j'ai, sous la mitraille,
Bravé la mort vingt fois pour mon pays,
    Dans les champs d'Austerlitz.

    La nuit sur le côteau,
Couvrait tout de son voile sombre,
    L'Homme au petit chapeau ;
    Se reposait sur le plateau ;
    Auprès des feux du camp
On l'apercevait comme une ombre
    Napoléon le grand,
Assis, dormait profondément.

    Dès le matin il hâte son réveil,
    La gloire et la victoire
Lui présageaient dans un heureux sommeil
    Un succès sans pareil ;

Mais bientôt il ordonne
Et la diane au camp donne l'éveil,
  Bien avant le soleil,
  Que la trompette sonne.

  Les autrichiens là-bas
Russes, Calmouks, Cosaques,
  Par des cris, des hourras,
  Viennent provoquer nos soldats ;
  Ils veulent nous charger,
Mais en vain ils font des attaques,
  Qui peut nous ébranler ?
  Rien ne nous fera reculer.

Ran pa ta plan, pa ta plan, pa ta plan.
  On bat la charge, on charge,
La colonne se met en mouvement,
  Nous allons en avant.
  Les clairons qui résonnent
  Et les canons qui tonnent
Pon pa ta pon, pa ta pon, pa ta pon.
  Ah ! pour nous quel doux son !

  Voyez les combattants
Couverts de poudre et de fumée ;
  Nos drapeaux triomphants
Criblés, flotter au gré des vents ;

Remarquez l'empereur
A la tête de son armée,
Là brille sa valeur,
Il est certain d'être vainqueur.

Voici déjà de nombreux prisonniers
Qu'on amène et qu'on traîne,
Des généraux et beaucoup d'officiers
Conduits par nos guerriers ;
Mais un cri se répète :
Croisez la bayonnette !
Et dans les rangs ennemis la valeur
Fait place à la terreur.

De Russes, d'Autrichiens
On fait un horrible carnage :
Mes enfans, j'en conviens,
Nous tapions dur, je m'en souviens.
J'étais blessé, souffrant,
Rien n'affaiblissait mon courage,
Je chargeais en marchant,
Ah ! je combattais vaillamment.

Alors des russes on aperçoit soudain
La garde impériale,
Vers la française avancer à grand train,
Disputant le terrain ;

Mais notre vieille garde,
Que l'empereur regarde,
Combattait comme un lion déchaîné :
Le Russe est consterné.

Alors doublant d'ardeur,
Dans une aussi sanglante lutte,
Le Français a du cœur,
Il attaquait avec fureur;
Court sur les ennemis,
Il les ecrase, il les culbute,
Là vingt drapeaux sont pris.
Combien de lauriers sont cueillis !

Austro-Russes, vous êtes terrassés,
En retraite complète,
On vous poursuit sur des étangs glacés;
Vous êtes enfoncés :
Sous vous la glace craque :
Autrichien ou Cosaque
Tout disparaît vous êtes engloutis
Dans les champs d'Austerlitz.

De morts et de mourants
On voyait la terre jonchée,
Mais nous étions contens,
La victoire était dans nos rangs.

Des mains de l'empereur
Ma poitrine fut décorée :
Gage chéri de ma valeur,
Tu brilles encor sur mon cœur.

Ici finit le récit du guerrier,
Et ce bon père espère
Qu'un jour ses fils cueilleront maint laurier
Pour orner son foyer.
Vieux soldats de la gloire,
Ah ! vous pouvez le croire ;
Tous vos enfans, fiers de suivre vos pas,
Brilleront aux combats.

LES SOLDATS SANS REPROCHE.

C'est l'Aigle altier dont le vol se prolonge ;
De nos Français, oui, c'est bien le drapeau,
Il est vainqueur aux champs de Waterloo,
Hélas! pourquoi n'est-ce qu'un songe?

O trop court sommeil;
Mais à mon réveil
Le jour dissipe ce mensonge;
Leur dernier soupir,
Est vaincre ou mourir
Là, des Français sont tombés en héros
Qu'ils dorment en paix dans ce champ de repos,
Ils n'ont trahi, ni vendu leurs drapeaux.

Oui, mon réveil m'a rendu la mémoire
Dieu des combats, mon cœur te doit bénir,
Les vents du nord ne sauraient défleurir
Les palmes de vingt ans de gloire,
La terre a tremblé,
Au pas redoublé
Nous avons conduit la victoire;
Et nos étendards,
Sur mille remparts,
D'un pas vainqueur, plantés par nos héros,
De cent lauriers ont orné leurs faisseaux :
Ils n'ont trahi, ni vendu leurs drapeaux.

Vils alliés sachez qu'on vous méprise
Le feu sacré parmi nous brûle encor.
Des traîtres seuls vous livrèrent notre or
 Pour enrichir votre Tamise.
  Au cri martial
  Quand du Général
  Nous voyons la capote grise,
  Sous plus d'un affront :
  Vous courbiez le front :
Quels coups porta le fer de nos héros
Ceux-là savaient vous creuser les tombeaux
Ils n'ont trahi, ni vendu leurs drapeaux.

Au mont St-Jean, quand la France trahie,
Versait des pleurs en voyant ses enfants
Devant la mort toujours serrer les rangs,
  Au nom de la mère Patrie.
  A travers les feux,
  Détournant les yeux,
  La victoire, en fuyant, s'écrie :
  Calme ta douleur,
  Et vois leur valeur;
Ne pleure pas le sort de tes héros,

Rougis de sang leurs lauriers sont plus beaux

Ils n'ont trahi, ni vendu leurs drapeaux.

LE SOIR.

Dès que le jour expire,
Le timide zéphire
Bien tendrement soupire
En caressant les flots ;
La vague se balance,
Murmure et se cadence
Aux chants des matelots.   bis.

Alors sur Venise,
Soufflant la double brise :
Le soir en robe grise
Etend son manteau noir ;
En l'honneur de sa belle ;
Le Gondolier fidèle
Dit son refrain du soir.

Hélas ! c'est aussi l'heure
Où le pauvre qui pleure,

Regagne sa demeure,
Marchant à petits pas,
L'heure où sur la tourelle,
Veille la sentinelle,
En fredonnant tout bas.

C'est l'instant où riante,
En disposant sa mante,
Jeune fille charmante
S'apprête pour le bal ;
C'est l'heure où la gondole
Des amants glisse et vole
Sur les flots du canal.

C'est l'heure où le poète
Plein de flamme secrète,
Aux cieux lève la tête,
Comme font les martyrs,
L'heure où l'on lit le Tasse ;
L'heure où le bourreau passe
Sur le pont des soupirs.

C'est l'heure où sur la grève
Un brouillard bien s'élève :
C'est l'heure où l'enfant rêve,
De perles, de joujoux ;
C'est l'heure des vengeances,
L'heure des ris, de danses,
Et l'heure des filoux.

LE TRIOMPHE DE NAPOLÉON.

Air: *C'est le Français.*

Il n'est pas mort le héros de la France,
Car ses exploits l'ont rendu immortel,
Napoléon, connu par sa vaillance,
Son nom sera à jamais éternel,
Il est placé au temple de mémoire,
Celui enfin qui fixa notre sort,
Et l'on dira en lisant son histoire,
  Il n'est pas mort.   bis.

Lorsqu'il revint dans la France en
  alarmes,
Tous les Français reconnurent sa
  voix,
Du malheureux partout tarit les
  larmes.
Il rétablit les cultes et les lois,
Il renverse la terreur, l'anarchie,
Qui des Français peuplaient le som-
  bre bord,

Napoléon seul sauva la patrie.
   Il n'est pas mort.   bis.

Dans nos cités alors sa main puissante
Fit refleurir le commerce et les arts,
Bientôt on vit son armée triomphante
Porter partout nos brillans étendards,
Nouveau Trajan, sur le char de la gloire,
Il parcourt le couchant et le Nord
Et cent climats; le fils de la victoire,
   Il n'est pas mort.   bis.

Qu'il était grand ce guerrier magnanime,
Lorsque les rois l'accablaient de leurs fruits
Toujours vainqueur, malgré l'appât du crime,
Il leur rendait leur trône et leurs palais.
O roi des rois, une palme immortelle
Te convient mieux que tous les sceptres d'or
Napoléon, ta gloire est éternelle
   Tu n'es pas mort.   bis.

Quand le malheur accablait son courage,
Dans les combats, trahi plus de vingt fois,
Napoléon au milieu de l'orage,
Par ses regards faisait trembler les rois.
Toujours courbé sous le fer des batailles ;
Et sans fléchir au nombre des bafort,
Alors Paris grava sur ses murailles.
   Il n'est pas mort.

Dieu des beaux arts tu connus son génie,
Dieu des combats, tu connus sa valeur,
Climat glacé, désert de Moscovie,
Vous avez vu le vainqueur des vainqueurs,
Fiers Castillans, attestez son courage,
Vous, Polonais, qui partagiez son sort,
Nymphes chantez au bord des eaux du Tage.
   Il n'est pas mort.

LA CHAMBRE DE CARTON.

Air : *De la pipe et du tabac.*

Une cour a repris la place
De ce parlement orgueilleux,
Dont il ne reste plus de trace
Que dans le souvenir des lieux.
Ce palais, où fut la tribune,
Où chaque langue avait son ton,
Tour de Babel, s'il en fut une,
C'était la chambre de carton.

Maint esprit battant la campagne,
Rêvant tout un monde à l'envers,
Sur le sommet de la montagne

Discourait à tort à travers.
L'écho, de ces discours frivoles,
A regret répétait le son,
Ce vaste moulin à parole,
C'était la chambre de carton.

Les vents au fort de la tempête
Sont moins bruyants et moins grondeurs,
Que nos tribuns pour une enquête,
N'étaient braillards et tapageurs.
Leurs débats, leurs propos, la France,
N'étaient pas toujours de bon ton,
Qui manquait à la bienséance ?
C'était la chambre de carton.

Un beau matin, enfin de glose,
Sur le nez de nos députés,
Des farceurs, la porte fut close
A leurs regards désappointés.
Un souffle tout puissant d'éole
Depuis le bas jusqu'au plafond,
La salle s'écroule et s'envole,
Adieu la chambre de carton.

Dans cette débacle complète,
Sous les débris de nos élus,
Sont enfoncés de leur cassette

Et les mandats et les écus.
Des discoureurs le ridicule
Les a conduits à Charenton,
Il leur fallait une cellule,
Au lieu de chambre de carton.

L'OMBRE DE L'EMPEREUR

ALLANT VISITER SON NEVEU.

Air : *D'Octavie.*

Mon cher neveu, tu revois la patrie ;
Tu peux fouler le sol que j'aimais tant !
De toutes parts la France enfin s'écrie :
« Le vœu du peuple est seul un vœu constant. »

Aux plus beaux jours de ma brillante gloire,
Pour moi le peuple inventait des concerts;
Plus tard, hélas ! trahi par la victoire,
Le peuple seul me plaignit dans les fers.

Quinze ans on dit : « C'est l'arbitre du monde ! »

Quinze ans l'Europe aurait traîné mon char ;
Les rois d'alors m'encensaient à la ronde;
Pour tous j'étais Alexandre ou César.

J'aurais voulu pacifier la terre ;
Faire bénir mon nom et les Français;
Mais Albion, aveugle en sa colère,
Ne recula devant aucun forfaits.

Pour arrêter nos triomphes rapides,
Elle semait la haine avec son or ;
Trompés partout, de notre sang avides.
Peuples et rois se montrèrent d'accord.

J'ai su, volant d'Egypte en Italie,
Ceindre mon front de lauriers immortels;
Un jour j'ai pu comprimer l'anarchie
Et du vrai Dieu relever les autels.

Victorieux, jamais de la puissance
On ne me vit faire odieux abus,
Offrant ma main et l'amour de la France,
Je dis à ceux que uous avions vaincus :

Ne formons plus qu'une seule famille,
Soyons unis et répétons en chœur :

« Au lieu du sabre employons la faucille,
« Et de la paix proclamons la douceur. »

De mes efforts quelle fut donc l'issue ?
L'Europe en feu repoussa mon désir ;
Après avoir vingt fois été vaincue,
Vingt fois armée on la vit revenir.

Dupe souvent d'une noble clémence,
Je fus contraint d'exposer nos soldats :
De nos enfants partageant la souffrance,
Je sus comme eux mépriser le trépas.

Mais tout à coup ma tête couronnée,
Dut se courber devant l'arrêt des cieux;
Pour renverser ma haute destinée,
Le Nord lâcha l'aquilon furieux.

Puis, pas à pas, défendant la patrie ;
Et chaque jour craignant la trahison,
Je sus encor, dans une lutte impie,
Porter aux cieux la gloire de mon nom.

Bien malgré moi, prolongeant une guerre
Qui désolait le cœur de mes Etats.
L'Europe enfin se montra plus altière,
Et mes hauts faits ne me pardonna pas.

Dans sa fureur l'exil fut mon partage;
Elle oublia, que moi vainqueur cent fois;
Je sus toujours respecter le courage
Et voir Porus dans le moindre des rois.

Selon mes vœux, au milieu de mes braves,
Ma cendre enfin a trouvé le repos ;
Du haut des cieux j'aime à voir leurs fronts graves
Briller d'amour en citant nos travaux.

Mais quel transport, en ce moment m'agite ;
Quel doux triomphe après tant de chagrins ?
Pour les venger, de la France l'élite,
A mon neveu remet tous ses destins.

Mon cher Louis, soutiens la République;
Jamais ne songe à rompre ton serment ;
Elu soudain par un peuple héroïque,
Sache remplir ton rôle dignement.

Un héros même est à peine d'argile,
Lorsqu'il écoute un moment les flatteurs;
Veux-tu grandir et te montrer habile !
Des malheureux partout sèche les pleurs.

LE BAISER DU SOIR.

L'herbe, fille des prés, chérit l'humide aurore,
Un captif dans les fers s'attache au doux espoir;
C'est une goutte d'eau qu'un voyageur implore;
Mais ce qui peut calmer le mal qui me dévore,
  C'est le baiser du soir   bis.

Quand vers son cher rameau l'oiseau tourne son aile;
Quand au bord des ruisseaux la nymphe vient s'asseoir,
Bientôt je sens frémir le feuillage fidèle;
J'entends gémir l'écho des plaintes d'une belle;
  C'est le baiser du soir.   bis.

La pudeur dans le jour, c'est pour moi trop puissante,

C'est quand il va finir que renait mon
  espoir ;
Alors ainsi que lui la pudeur est mourante.
Et la nuit me surprend seul avec mon
  amante,
  Et le baiser du soir.   bis.

BEAU NUAGE.

ROMANCE.

Quel oiseau te dépasse,
Vapeur, que rien ne lasse,
Quand tu fuis dans l'espace,
Mon front devient rêveur.
Quand l'aurore se lève,
Je cherche dans mon rêve
Le village, la grève,
Où m'attend le bonheur.

Refrain.

D'où viens-tu, beau nuage,
Emporté par le vent,
Viens-tu de cette plage,
Que je pleure souvent.   bis.

As-tu vu la montagne,
Notre ciel de Bretagne,
Notre ciel étoilé ?
As-tu vu le Calvaire,
Où chaque soir ma mère
Va dire une prière
Pour le pauvre exilé ?
    D'où viens-tu, etc.

Là bas, près de l'église,
Dis-moi si ma Louise,
Dont la main m'est promise,
Me garde encor sa foi.
Oui, Louise est fidèle,
Là bas sa voix m'appelle,
Comme j'attends loin d'elle,
Elle attend loin de moi.

Par pitié, beau nuage,
Sur les ailes du vent,
Porte-moi dans la plage,
Que je pleure souvent.   bis.

LA QUÊTEUSE.

Avez-vous connu Fanchette,
La filleule du Seigneur,
Qui, les jours de grande fête,
Allait quêter pour le malheur ?
Ah ! qu'elle était joliette,
Frais minois et blonds cheveux !
Et chacun nommait Fanchette ;
La quêteuse aux jolis yeux.
Ah ! ah ! ah ! quand sa douce voix disait :
 A Fanchette,
 Pour la quête,
 Donnez, donnez sans regret,
 Nobles dames,
 Bonnes âmes,
Pour les pauvres, s'il vous plaît.

Un beau jour elle s'arrête
A la porte d'un castel ;
A frapper elle s'apprête,
En invoquant tout bas le Ciel ;
Mais à sa voix suppliante,
L'intendant répond soudain :
Vite, hors d'ici, mendiante,

Et passez votre chemin.
Ah ! ah ! ah ! combien elle tremblait !
Ah ! ah ! ah ! et pourtant sa voix disait :
 A Fanchette,
 Pour la quête,
 Donnez, donnez sans regret !
 Nobles dames,
 Bonnes âmes,
Pour les pauvres, s'il vous plaît.

Sous les pleurs brillaient ses charmes ;
Le Seigneur passe en ces lieux ;
Quoi ! l'on fait couler tes larmes,
Ô ma quêteuse aux jolis yeux !
Mais, de ce riche domaine,
Le témoin de ta douleur,
Je veux que tu sois la reine,
Toi la reine de mon cœur !
 Le lendemain à l'église,
 Les pauvres avaient de l'or ;
 Car la nouvelle marquise,
 A sa cour disait encore :
 A Fanchette,
 Pour la quête,
 Donnez, donnez sans regret ;
 Nobles dames,
 Bonnes âmes,
Pour les pauvres s'il vous plaît.

LE MULETIER DE CASTILLE.

Refrain.

Je suis muletier de Castille,
Vive ma belle et Fernando;
Je suis muletier de Castille,
Vive ma belle et Fernando.

A Fernando, roi des Espagnes;
Souvent je bois dans mon chemin
Et m'enfonce dans nos montagnes,
Sans m'occuper du lendemain   bis.
Vrai Dieu! quand le xérès pétille; bis.
Que flambe mon cigaretto.
    Je suis, etc.

Lorsque sous les verts sycomores,
Cavalier d'une belle enfant,
J'ai dansé la chanson des maures
Et que mon front est ruisselant   bis.
Oh! qu'elle est douce la charmille
Le soir après le fandango.   bis.
    Je suis, etc.

Certes quand dans Madrid en fête,
Aux combats brillants des toros,
Elle montre sa brune tête ;
On ne voit plus les toreros,   bis.
Et moi qu'aime la belle fille,
Je suis plus fier qu'un hidalgo.   bis.
  Je suis, etc.

BONAPARTE ET LE CONSCRIT.

Avant d'aller à l'ouvrage,
Mon fils, d'un grand héros
Ecoutez bien ses travaux,
Son génie et son courage.
Moi je l'ai servi trente ans,
Parmi le feu de la mitraille :
Toujours ferme dans les camps
Et sur le champ de bataille,
Il faisait trembler l'ennemi
Quand il lançait son tonnerre,
Vous l'avez servi mon père,
Mon père vous l'avez servi.
Vous l'avez servi.   bis.

Pour venger notre patrie,
Mon fils ce grand général,

Notre moderne Annibal,
Fut au fond de l'Italie.
Du haut du Mont-St-Bernard,
Il levait sa tête altière,
Et montrant son étendard
Qui flottait sur la frontière,
Il nous disait : suivez-moi,
Vainqueurs de toute la terre,
Vous l'avez, etc.

Un jour visitant un poste,
Il était pour y passer,
Un conscrit veut l'empêcher;
Bientôt le guerrier l'accoste,
Sourd à son discours, le conscrit
Alors devient pâle et blême :
On ne passe pas, qui lui dit,
Quand vous seriez le tondu même :
Notre guerrier a souri,
En riant de sa colère.
Vous l'avez, etc.

Le plus grand guerrier du monde
De lui-même il faisait tout,
Il veillait toujours partout ;
Un jour en faisant sa ronde
Il aperçoit un soldat

Qui dormait au pied d'un chêne.
Le voyant en cet état
Il prit son fusil sans peine.
Le soldat fut pardonné
Par ce héros que l'on révère.
Dieu vous bénira mon père.
Mon père Dieu vous bénira
Dieu vous bénira.

LE RETOUR DU SOLDAT.

La voilà, (*bis*) cette France chérie;
De plaisir,(*b*) ah! je sens palpiter mon cœur,
 Je fus captif en Sibérie,
 Mais toujours fidèle à l'honneur,
 Au souvenir de ma chère patrie,
Plusieurs fois, hélas! coulèrent mes pleurs.
Pour mon pays j'ai quitté ma chaumière ;
De laboureur, je me suis fait soldat.
J'ai fait comme plus d'un bon militaire
Au champ de mars mainte action d'éclat,
 Que je suis fier d'avoir servi l'Etat
 Et de revoir notre frontière !

La voilà, (*b.*) De plaisir, (*b.*)
Mais si la trompette guerrière
Rappelait nos braves.... halte-là,
J'embrasserais mon épouse et mon père,
Je m'écrierais mes amis me voilà.
Mon bras vengeur punirait les parjures
Même dussé-je succomber après,
A nos rivaux montrant nos blessures,
Je leur dirai: tremblez je suis Français,
Soldat en guerre et laboureur en paix,
Mais inaccessible aux injures.

La voilà, (*b.*) De plaisir, (*b.*)
J'ai su braver toutes les entraves,
Et les revers et les coups du destin.
Aussi la décoration des braves,
Pour récompense brille sur mon sein
Le boulet, l'obus, ni la bombe,
Ne m'a jamais causé d'effroi;
Mais faut un jour que tout mortel succombe
Mes chers amis, ah permettez-le moi.
Qu'on m'enterre surtout avec ma Croix
Qu'elle entre avec moi dans la tombe.

NAPOLÉON.

Air : *La veuve du Marin*.

Sur les débris en fondant sa puissance,
Napoléon, cet illustre guerrier,
Comme un héros a gouverné la France;
Des étrangers il la fit respecter.
L'épée en main, affrontant la mitraille,
Il terrassa le Russe et le Prussien :
Plus de cent fois sur le champ de bataille,
Il a vaincu *(bis)* l'empereur autrichien.

De nos cités bannissant la mémoire,
On avait cru pendant plus de quinze ans
Que son beau nom effacé de l'histoire
Ne vivrait plus, oublié par le temps
De la grandeur de son vaste génie
Nous recueillons autrefois les bienfaits.
Nous rendre heureux, enrichir la patrie,
C'était le but (*bis*) de l'empereur français.

Il fut trahi; l'inconstante Bellone
L'abandonnait au moment des dangers;
Il perdit tout, son fils et sa couronne,
Et des Français on flétrit ses lauriers.
Sur le rocher de Sainte-Hélène
L'on exila Napoléon-le-Grand.
Il succomba sous le poids de sa chaîne;
Ainsi finit (*bis*) ce fameux conquérant.

Tous, ses soldats, compagnons de sa gloire,
Avec orgueil terminant ses travaux,

On vous verrait, marchant à la victoire,
Voler encor à des périls nouveaux.
Le sabre en main, pour soutenir la France,
Guerriers fameux, devenez des héros:
Napoléon a perdu l'existence,
Mais nous avons (*bis*) ses glorieux drapeaux.

JADIS ET AUJOURD'HUI.

Chanson Philosophique

Sur l'air : *Il est un Dieu devant qui je m'incline*.

Au temps jadis où vivaient nos ancêtres,
Au temps heureux, qu'on nomma l'âge d'or,
Ils n'habitaient que sous des toits champêtres,
Et leurs troupeaux formaient tout leur trésor.
Mais de nos jours, il faut à l'opulence

De beaux lambris, de palais somptueux,
Pour étaler le luxe et la dépense,
   En est-on plus heureux ?   bis.

Quand Philémon dans sa cabane agreste,
Reçut des dieux le maître souverain,
Accompagné du messager céleste,
Il leur offrit du lait, des fruits, du pain ;
Mais aujourd'hui dans un repas splendide,
On sert des mets par l'art rendus fameux,
Dont on repais un estomac avide,
   En est-on plus heureux ?   bis.

Un vin grossier mêlé d'une onde pure
Désaltéra les divins voyageurs.
Sur un vieux bois, sans façon, sans sculpture,
Le linge fut couvert de simples fleurs.
Mais à présent dans le cristal ruissèlent,
Les vins exquis, pétillants et mousseux,
L'or et l'argent sur la nape étincellent,
   En vit-on plus heureux ?   bis.

Grands aristos du luxe culinaire,
  Vrais Lucullus, francs gourmands, fins gourmets,

A vous le vin étranger, centenaire,
A vous l'éclat, la pompe et les bons mets.
De vos festins la superbe ordonnance
Flatte à la fois le palais et les yeux,
Sans tant d'apprêts, de faste et d'abondance,
 En vit-on plus heureux ? bis.

L'homme des champs, après que l'exercice,
A de sa faim aiguisé l'appétit,
Ne mange pas avec moins de délice
Sa soupe au choux, son pain noir et son fruit.
Quand le sommeil vient fermer sa paupière,
Mieux qu'un sultan, sur ses coussins moëlleux,
Sur son grabas il dort la nuit entière,
 En vit-il moins heureux. bis.

Le créateur d'une main partiale,
N'a pas sur nous répandu ses faveurs,
Dans un grenier la couche nuptiale,
Comme un boudoir fait goûter ses douceurs,
De la princesse, ou de la courtisane,

Soupirs d'amour sont bien voluptueux,
Mais les baisers de la simple artisane,
Sont-ils moins doucereux.　　bis.

LE SOLEIL D'AUSTERLITZ.

Air : *T'en souviens-tu.*

Je me souviens des vétérans d'Arcole,
Foulant aux pieds l'empire des Césars,
Je vois encor l'antique Capitole,
Courbant son front sous nos fiers étendards
Je me souviens de nos Aigles rapides
Portant la foudre à Thèbes, à Memphis,
Et s'élançant du haut des Pyramides
Pour voir lever le soleil d'Austerlitz. *b.*

Je me souviens des plaines d'Amérique,
Pour nos héros fertiles en lauriers,
Lauriers que Mars, dans les champs germaniques
Semait partout où passaient nos guerriers.

De Marengo je rêve encore la gloire,
Je me souviens que la France jadis
Seule à son gré promenait la victoire,
Je me souviens du soleil d'Austerlitz.

Je me souviens de ce jour de carnage
Dont le triomphe accabla ma raison,
Je me souviens que le plus grand cou-
　　rage
Dut échouer devant la trahison.
La France a vu dans nos héros célèbres,
Avec honneur tomber ses nobles fils,
Je me souviens que de voiles funèbres
Ont obscurci le soleil d'Austerlitz.

Mois je vois luire une brillante aurore,
Elle adoucit mon triste souvenir,
Sur nos guerriers le drapeau tricolore
Flotte et présage un plus noble avenir.
Ce signe heureux de notre indépen-
　　dance,
A retrouvé son éclat dans Paris,
Et l'étranger respectant notre France,
Se souviendra du soleil d'Austerlitz.

LA NÉGRESSE.

Un jour une mère cruelle
Traînait au rivage africain
Sa fille unique, jeune et belle;
Des chaînes, hélas! chargeaient ses mains
Ah! disait la jeune Négresse
Où guidez-vous mes pas tremblants?
Oh! ma mère, l'effroi me presse
Et vous allez me vendre aux Blancs!

Je soulageais votre vieillesse,
Je veillais sur votre repos,
Et pour une simple caresse
Je bravais les vents et les flots.
Votre couche était toujours fraiche,
C'est moi qui cultivais vos champs,
Vous aviez ma chasse et ma pêche
Et vous allez me vendre aux Blancs!

Oh! ma mère, que la nature
Se fasse entendre à votre cœur:
De vous j'écartais la chaleur.
Je vous emmenais sous l'ombrage

De nos arbustes odorans,
Et vous m'entraînez au rivage,
Et vous allez me vendre aux Blancs!

Oui, votre sein m'a donné l'être,
Je suis l'enfant de votre amour;
Avais-je demandé à naître?
Bientôt je vais maudire le jour.
Ai-je mérité l'esclavage,
Ma mère. ah! quel Dieu méchant,
Et vous allez me vendre aux Blancs!

Elle pleurait encor sa mère
Tandis qu'elle-même la vendait:
Etant sur la rive étrangère,
Elle seule tout bas répétait:
Dieu! d'une mère qui m'oublie,
Daigne protéger les vieux ans;
Fais qu'elle meure dans sa patrie
Et qu'on ne la vende pas aux Blancs.

LE TOMBEAU DU FILS DE L'HOMME.

Un vieux guerrier fier de sa renommée
Qui signala nos glorieux drapeaux
Noble débris de notre grande armée,
Pleurait encor le plus grand des héros.
Ce demi-dieu connu sans qu'on le nomme ;
Béquille en main avec un crèpe au bras,
Il s'achemine et va porter ses pas
Vers le tombeau du fils de l'homme.

Du Mont-Saint-Jean il traverse la plaine,
C'est là, dit-il, où j'ai perdu mon bras,
Fuyons ces lieux : de sa perfide haleine
La trahison y souffle le trépas.
Est-ce un Français, non c'est un vil atome
Qui fut cause ici de nos malheurs,
Je n'irai pas sans y verser des pleurs
Sur le tombeau du fils de l'homme.

Mais poursuivons notre pélérinage
Sans doute il vaut celui des Musulmans,
Si le prophète a droit à leur hommage
Le fils de l'homme a droit à mon encens
Dans le premier je ne vois qu'un fantôme,
Mais le second, quoique moins merveilleux
Me séduit plus en n'offrant à mes yeux
Que le tombeau du fils de l'homme.

Que de lauriers au sein de l'Allemagne
Retrouve encor l'auguste voyageur;
Il voit le sol où dans mainte campagne
Il signala son zèle et sa valeur,
A ce guerrier que l'univers renomme,
La gloire alors se plaisait d'obéir,
Pourquoi faut-il qu'on l'entende gémir
Sur le tombeau du fils de l'homme.

Enfin, après un pénible voyage,
De l'Empereur il touche au monument
Là, plein d'audace il se fraye un passage

En traversant leurs nombreux osse-
mens.
La garde arrive, et de sortir le somme:
Je resterai, dit-il, je viens exprès
Dans ce séjour pour planter un cyprès
Sur le tombeau du fils de l'homme.

La garde alors contemple en silence,
Quand près du marbre objet de ses douleurs,
Respectueux, en tremblant il s'avance
Et sur la pierre il jette quelques fleurs.
Puis pour adieu à l'enfant, roi de Rome,
La larme à l'œil, le cœur gros de regrets
Le vieux guerrier aiguisa son briquet
Sur le tombeau du fils de l'homme.

TABLE.

Le retour de l'aigle.	page 7
Hommage au Président.	9
Conseils de Napoléon à son neveu.	11
Au neveu du grand homme.	13
La Sirène.	16
Cantate patriotique.	17
Les trois grenadiers.	18
Histoire de Naplléon.	21
Le brevet d'immortalité.	25
L'étranger.	27
Le retour des chansons.	28
Un vieux soldat.	29
Louis-Napoléon.	31
A l'Elu de la Nation.	33
A la France.	5ç
Plutôt le martyre,	38
Au président de la république.	39
Le travail plaît à Dieu.	42
Rondeau guerrier.	44
Le Nil et la Bérésina.	47
Encore un sauveur.	49
Napoléon sur la colonne.	49

La bataille d'Austerlitz.	53
Les soldats sans reproche.	57
Le soir.	60
Le triomphe de Napoléon.	62
La chambre de carton.	65
L'ombre de l'Empereur.	67
Le baiser du soir.	71
Beau nuage.	72
La quêteuse.	74
Le muletier de Castille.	76
Bonaparte et le conscrit.	77
Le retour du soldat.	79
Napoléon.	81
Jadis et aujourd'hui.	83
Le soleil d'Austerlitz.	86
La négresse.	88
Le tombeau du fils de l'homme.	90

Fin de la Table.

www.ingramcontent.com/pod-product-compliance
Lightning Source LLC
LaVergne TN
LVHW050633090426
835512LV00007B/820